AF399986

Der unberechenbare Virus im Körper

- Mein verflixtes Jahr -

© 2020 Selina Czech

1. Auflage

Autor: Selina, Czech

Umschlaggestaltung, Illustration: Selina, Czech

Lektorat, Korrektorat: Nadja, Bobik

Verlag & Druck: tredition GmbH, Halenreie 40-44, 22359 Hamburg

ISBN: 978-3-347-12053-2 (Paperback)

978-3-347-12054-9 (Hardcover)

978-3-347-12055-6 (e-Book)

Gesundheit: Immer auf die Signale deines Körpers
hören. Wenn's im Ohr pfeift, dann den Teekessel von
der Herdplatte nehmen.
Elmar Hörig

Wer nicht jeden Tag etwas Zeit für seine Gesundheit
aufbringt, muss eines Tages sehr viel Zeit für die
Krankheit opfern.
Sebastian Kneipp

Vorwort

Hey, ich heiße Selina und bin zwanzig Jahre alt. Ich möchte euch meine Geschichte über das Jahr 2019 erzählen.

Damals war ich achtzehn. Eigentlich war ich immer eine fröhliche, junge und gesunde Frau. Ich habe eine tolle Arbeitsstelle als staatlich anerkannte Kinderpflegerin und arbeite gerne in der Krippe. Meine Arbeitskollegen sind nett und mit den Kindern kann ich gut umgehen. Aber ich bin auch sportlich aktiv. Ich tanze in einem Tanzsportverein. Dort bin ich in der Garde, im Showtanz und als Solo-Majorette aktiv. Insgesamt tanze ich seit vierzehn Jahren und ein Leben ohne diesen Sport kann ich mir nicht vorstellen. Das Tanzen ist mein Ein und Alles. Zusätzlich bin ich im Reitsport aktiv und besitze zwei eigene Pferde. Ich reite, seit ich zwei Jahre alt bin und möchte es nie aufgeben. Das Schlimmste für mich wäre, wenn ich nicht mehr tanzen und reiten könnte oder dürfte.

Ich hatte auch für 2019 große Ziele:

-   Ich wollte mich im Beruf weiterbilden.
-   Ich wollte mein neues Pferd trainieren.
-   Ich wollte im Gardetanz besser werden.

Das das ganz anders ausgehen würde, konnte keiner ahnen.

Mein verflixtes Jahr

Es war gerade Faschingszeit. Alles war gut, ich hatte meine
Auftritte mit vollem Elan absolviert und konnte die Zuschauer
begeistern. Dann bekam ich plötzlich Zahnschmerzen, also ging
es für mich zum Zahnarzt. Er sagte, ich müsse geröntgt werden.
Auf dem Bild konnte man sehen, dass die Weisheitszähne der
Auslöser für meine Schmerzen waren.

Am 28.01.2019 wurden meine vier Weisheitszähne operativ
entfernt. Es verheilte alles nach Plan. Leider hatte ich ein paar
Auftritte verpasst, aber sobald ich fit war, stand ich wieder auf
der Bühne.

Am 04.02. wurden die Fäden entfernt, und auch dabei hatte
ich keine Probleme. Am Abend jedoch bekam ich Brechdurchfall.
Also ging ich am nächsten Tag zum Hausarzt. Er stellte fest, dass
ich einen Magen-Darm-Virus hatte. Am dritten Tag war
Besserung in Sicht; ich hatte keinen Brechdurchfall mehr. Dafür
plagten mich andere Symptome wie Schwindel, stechende
Kopfschmerzen auf der Stirn und am Hinterkopf sowie
Ohrgeräusche, die bei ansteigendem Schwindel lauter wurden.
Trotz Schwindel tanzte und ritt ich immer noch. Doch dann stand
ich wieder bei meinem Hausarzt auf der Matte und er überwies
mich zu einem Neurologen.

Am 15.02. stellte ich mich bei einem Neurologen vor. Er
konnte außer einer Gangunsicherheit nichts weiter feststellen.
Ich wurde körperlich untersucht und er führte eine
Duplexsonografie -spezialisierte Methode einer
Ultraschalluntersuchung und ermöglicht die Diagnostik von
Verengungen in Blutgefäßen- durch.

Neurologischer Befund: Unsicher beim Gehen, einbeiniger
Stand mit geschlossenen Augen nicht möglich, Unterberger-
Versuch schwankend, nicht abweichend. Kopfimpulstest
negativ, kein Neystagmus unter Fenzelbrille, zeitgleich

feinschlägiger Haltetremor. Sonst Hirnnerven, Motorik,
Sensibilität, Muskeleigenreflexe und Koordination: ohne
Befund.
Duplexsonografie-Befund: In der Duplex-Sonografie der
extrakraniellen hirnversorgenden Arterien finden sich keine
arteriosklerotischen Plagues und keine hämodynamisch
relevanten Stenosierungen, kein Verschluss. Die Arteria
vertebrables sind beidseitig kräftig. Kein Hinweis auf eine
Dissektion. IMT im Normbereich.

Zusammengefasst bedeutete es, dass ich wegen dem Schwindel
eine Gangunsicherheit hatte, aber eigentlich kerngesund war.

Er riet mir, mich bei einem HNO-Arzt vorzustellen und meinte,
es könne an meinem Gleichgewichtsorgan liegen.

Am 18.02. stellte ich mich beim HNO-Arzt vor. Meine
Symptome waren: Schwindel, Ohrgeräusche (das Hören
funktionierte normal), Gangunsicherheit, Kopfschmerzen links an
der Stirn und am Hinterkopf. Er machte einen Hörtest und stellte
Tinnitus fest.
Befund: Ohren: reizlos, Mund-Rachen-Raum: reizlos,
Fenzelbrille: kein Spontananystagmus, kein
Lagerungsynstagmus, Audio: beidseitig Normkusis, Tinnitus 4
kHz, schwellennah beidseitig.
Zusätzlich wollte er einen Schwindel-Wassertest machen, dafür
brauchte ich einen neuen Termin.

Es vergingen ein paar Wochen und ich fragte mich, wann
dies endlich aufhören würde. Aber dafür brauchte ich zuerst
eine Diagnose. Dann kamen neue Symptome hinzu. Ich hatte
Halsweh und konnte nicht mehr schlucken.

Am 25.02. ging es also nochmals zum HNO-Arzt zur
Untersuchung. Er stellte eine Halsentzündung (Virusinfektion)
fest.
Befund: Ohren: reizlos, Mund-Rachen-Raum: Tons mittelgroß,
reizlos, Rachenhinterwand: bis Kehlkopf stark gerötet, Hals

Nodi stark druckdolent.

Als Therapie bekam ich Antibiotika und nach zwei Tagen hatte ich keine Schmerzen mehr.

27.02., ein erneuter Termin beim HNO-Arzt. Nun wurde dieser Wassertest gemacht, mit dem Ergebnis, dass ich keine Probleme mit dem Gleichgewichtsorgan hatte.

Befund: Kalorische Gleichgewichtsprüfung; nahezu identische Erregbarkeit.

Was wurde bei dem Test gemacht? Ich lag auf einer Liege und drehte den Kopf in die jeweilige Richtung, sodass ein Ohr nach oben schaute. Dann wurde mein Kopf mit Handtüchern abgedeckt, sodass ich nicht nass wurde. Mit Druck wurde warmes Wasser in das obere Ohr gespritzt. Das dauerte nicht lange, und dann wurde das Wasser wieder herausgezogen. Dasselbe wurde auch bei meinem anderen Ohr gemacht. Dieser Test war unangenehm, aber ich hielt ihn aus und er dauerte auch keine Ewigkeit.

Vom 28.02. an hatte ich zusätzlich noch Schmerzen im linken Arm, in der linken Hand – vor allem im Daumen – und ich verspürte ein Gefühl von Einengung der Finger. Es kamen immer mehr Symptome hinzu, aber kein Arzt wusste zu sagen, was sie verursachte.

Zwischen dem 01. und 03.03. war das Gefühl in den Fingern besser, aber alle anderen Symptome blieben. Am 02.03. beendete ich noch alle Tanzauftritte im Gardetanz, Showtanz und Majorette erfolgreich und war froh, dass ich diese Faschingszeit hinter mich gebracht hatte. Ich konnte mich nicht mehr auf das Tanzen konzentrieren und das Reiten war nicht mehr so einfach zu meistern, weil es wegen meiner Beschwerden nicht mehr so ging, wie ich es wollte. Durch das ständige Anwinkeln der Beine beim Reiten merkte ich schon nach zwei Runden, dass sie schmerzten und mein Schwindel schlimmer wurde.

Ab dem 02.03. hatte ich noch zusätzlich brennende Schmerzen im rechten Unterarm.

06.03. – weiterhin plagten mich Schwindel, stechende Kopfschmerzen an der Stirn und am Hinterkopf, Tinnitus, der bei ansteigendem Schwindel lauter wurde, und das Gefühl in der Hand war erneut schlechter geworden. Während des Essens hatte ich stechende, heftige Schmerzen mittig unterhalb des Brustbereichs mit Atemnot, die für etwa eine Minute anhielt. In diesen Momenten hatte ich Angst, keine Luft mehr zu bekommen. Ich ging wieder zu meinem Hausarzt, der ein EKG machte. Wieder blieb alles ohne Befund. Er konnte mir nicht helfen, und so ging ich wieder ohne Diagnose nach Hause.

Am 08.03. hatte ich immer noch dieselben Symptome, und zusätzlich neue Beschwerden. Morgens überkam mich Übelkeit, die aber nach etwa einer Stunde wieder verschwand. Dann hatte ich nur noch einen flauen Magen. Beim Frühstück bekam ich erneut stechende Schmerzen mittig unterhalb des Brustbereichs und im Schienbein, mal stärker, mal schwächer. Trotz der ganzen Symptome ging ich zur Arbeit. Aber ich merkte schon, dass es mir immer schlechter ging und ich nicht den gewohnten Antrieb hatte. Ständig war ich kaputt, müde und konnte mich nicht konzentrieren.

Ich überlegte, ich müsse doch einen Virus haben, weil ich mich so schlapp fühlte. Also ging ich am Abend wieder zum Hausarzt. Er machte mal wieder ein EKG und einen Bluttest. Ich hoffte, dass beim Bluttest etwas herauskommen würde. Aber leider wieder nichts. Beim EKG kam auch nichts heraus.

Trotzdem gab mir der Arzt eine Überweisung zum Kardiologen. Ich sollte das Ganze dort abklären lassen. Also ging ich wieder ohne Diagnose nach Hause. Ich kontaktierte den Kardiologen, allerdings war kein zeitnaher Termin zu bekommen. Schon weil ich wissen wollte, was ich hatte und wer mir helfen könnte, fühlte ich mich nicht gut. Es konnte ja schließlich nicht so weitergehen, und auf ein Leben mit diesen Beschwerden hatte ich keine Lust.

Am 10.03. hoffte ich, dass es mir besser ginge, aber das

Gegenteil traf ein: Es kamen wieder neue Symptome hinzu. Mehrmals am Tag sah ich etwa zwei bis drei Minuten lang schwarze Punkte und zweimal für die Dauer von fünf Minuten schwarzen Schatten links vom Objekt, begleitet von stechenden Schmerzen in der linken Schläfe. Dazu kamen Schmerzen im linken Oberarm sowie im linken Handgelenk.

11.03. – wer hätte gedacht, dass ich keine neuen Symptome hatte? Nun leider litt ich noch an all den bisherigen Beschwerden. Zusätzlich verspürte ich ein einengendes Gefühl im linken Arm und die Finger kribbelten. Also ging ich wieder zum Hausarzt und schämte mich langsam, schon wieder mit neuen Symptomen zu ihm zu kommen. Da er immer noch der Meinung war, ich hätte etwas Neurologisches, wies er mich ins Krankenhaus ein. Ich hatte Angst und wollte nicht ins Krankenhaus. Aber da musste ich leider durch. Den Termin beim Kardiologen mussten wir absagen, da er am 12.03. gewesen wäre.

Ich kam in die Notaufnahme und musste mich dort vorstellen. Ich wurde gefragt, welche Symptome ich hätte, und ich erzählte alles. Nun musste ich mich einem Notfall-MRT des Kopfes unterziehen, weil der Verdacht auf einen Gehirntumor bestand. Nach dem MRT ging es für mich auf das Zimmer in die Abteilung Neurologie.

Gott sei Dank stellte sich heraus, dass ich keinen Tumor hatte, und so ging es mit der Suche weiter. Am nächsten Tag musste ich wieder ins MRT, diesmal wurde die Wirbelsäule untersucht. Ich ging davon aus, dass dabei ja nichts schiefgehen konnte. Trotz meines Schwindels musste ich durch das Gebäude bis zur MRT-Abteilung laufen. Ich kam an die Reihe, wurde in die Röhre geschoben und wartete, bis die Prozedur zu Ende war. Aber dann wurde mir Kontrastmittel in die Vene verabreicht, und von da an ging es mir richtig schlecht. Ich musste die Untersuchung frühzeitig abbrechen.

Zuerst bekam ich Niesanfälle und drückte auf die

Notfallglocke, als ich merkte, dass ich kaum noch Luft bekam. Meine rechte Wange war rot und angeschwollen, sodass ich kaum noch etwas sah. Ich konnte auch nicht mehr sprechen. Ich bekam Panik und wollte nur noch raus.

Endlich kam jemand und holte mich aus dem MRT. Sie rief: „Schnell, ich brauche Hilfe!"

Drei Ärzte und nochmal zwei Schwestern eilten herbei. Sofort bekam ich Sauerstoff über die Nase und ein Gegenmittel, bestehend aus drei verschiedenen Medikamenten. Ich hatte einen allergischen Schock erlitten. Eine Ärztin sagte mir, dass ich einen Schlaganfall erlitten hätte, wenn ich noch länger gewartet hätte. Gott sei Dank ging das nochmal gut aus.

Ich wurde von den Stationsschwestern abgeholt und ruhte mich auf dem Zimmer aus. Aber das MRT war praktisch umsonst gewesen, da wieder kein Problem festgestellt werden konnte. Ein paar Stunden später kam die Oberärztin und eröffnete mir, dass sie eine Liquorpunktion machen müssten. Sie wollten mein Nervenwasser untersuchen. Das war die schmerzhafteste Untersuchung, die ich je hatte, und so etwas wünsche ich keinem!

So lief die Punktion ab: Ich musste mich an die Bettkante setzen und einen Katzenbuckel machen. Der Arzt markierte die richtige Stelle und bereitete die Nadel vor. Eine Schwester stand bei meinem Kopf und unterstützte mich. Ich hielt mich an ihren Armen fest. Der Arzt klebte ein steriles Lochtuch auf die markierte Stelle. Er fragte mich, ob ich eine örtliche Betäubung haben wolle. Ich entschied mich für die Betäubung, aber irgendwie wirkte sie gar nicht.

Dann sagte er: „Ruhig halten, einatmen!" und stach zu. Leider traf er nicht und musste noch einmal stechen. Gott sei Dank klappte es beim zweiten Mal. Nach der Punktion bekam ich eine Flasche Cola, um Kopfschmerzen zu vermeiden. Ich hatte aber trotzdem höllische Kopfschmerzen, Schmerzen im Rücken und mir war übel. Auch diese Untersuchung war umsonst gewesen; es wurde nichts im Liquor gefunden. Ich wollte nur noch diesen Schmerz wegschlafen.

Ein paar Stunden später wurde ich wieder geweckt und musste zur elektrophysiologischen Untersuchung. Dabei wurden mir sechs Nadeln in die Kopfhaut gesteckt und an den Strom angeschlossen.

Ihr wollt bestimmt wissen, wie es war? Ich spürte nur den Schmerz von den Nadeln, aber als der Strom lief, merkte ich nichts weiter. Die Untersuchung war zwar nicht angenehm, aber sie war auszuhalten. Als es vorbei war, kamen sie wieder heraus.

Danach bekam ich noch Elektrobänder um die Handgelenke und Knöchel. Ich wurde wieder an den Strom angeschlossen und erhielt drei Stromschläge in die Beine und drei in die Arme. Dabei mussten die Zehen und Finger sich bewegen. Diesmal war es sehr unangenehm und mit Schmerzen verbunden. Ich spürte jeden Stromschlag.

Zum Schluss bekam ich noch drei Stromschläge in den Rücken. Das war besonders schmerzhaft. Danach durfte ich wieder auf mein Zimmer gehen und legte mich schlafen. Ein paar Stunden später bekam ich die Nachricht, dass bei der elektrophysiologischen Untersuchung nichts herausgekommen war.

Am nächsten Tag musste ich ein weiteres Mal zur Duplex-Sonografie gehen. Dabei wurde untersucht, ob meine Schlagadern am Hals durchgängig waren –und ja, sie waren in Ordnung. Dann ging es für mich zum Augenarzt. Ich musste mit meinem Schwindel, den Rückenschmerzen und meiner Übelkeit durch das gesamte Gebäude laufen. Es dauerte lange, da ich mehrmals Pausen einlegen musste.

Dort angekommen musste ich noch eine Weile warten. Endlich bat mich der Arzt ins Untersuchungszimmer und untersuchte mich gründlich. Er tropfte mir Augentropfen ein, um die Pupillen zu erweitern. So lässt sich der

Augenhintergrund besser beurteilen. Der Arzt betrachtete mein
Auge mithilfe einer Spaltlampe und maß den Augeninnendruck.
Alles war okay, doch plötzlich wurde er ganz hektisch und sagte
mir, dass er eine Stauungspapille im linken Auge festgestellt
hätte. Diese könnte der Auslöser für meine Sehstörungen sein.
Dabei hatte ich nicht gedacht, dass eine Stauungspapille
schlimm wäre. Daraufhin ging ich wieder auf mein Zimmer,
aber die Sonne schien und blendete mich durch die
Augentropfen, sodass ich kaum noch etwas sehen konnte.
Meine Übelkeit hatte sich dadurch noch verschlimmert.

Ich war froh, als ich wieder im Bett lag. Am Nachmittag des
13.03. wurde ich in einem sehr schlechten Zustand entlassen.
Die Ärzte attestierten mir, dass ich kerngesund sei, und wegen
meiner Stauungspapille sollte ich mich bei einem Augenarzt
vorstellen. Ich war enttäuscht, dass niemand wusste, woher ich
diese Symptome hatte. Neurologisch gesehen war ich in
Bestform.

Am 14.03. musste ich mich wieder in der Notaufnahme
vorstellen, weil es mir schlechter ging. Ich hatte starke Kopf- und
Rückenschmerzen. Die Ärzte sagten mir, dass es normal sei, noch
eine Woche nach dieser Punktion Schmerzen zu haben, und
entließen mich mit einem Schmerzmittel. Langsam war ich sauer
auf die Ärzte, weil sie einfach nicht feststellen konnten, was mit
mir los war.

Die starken Kopf- und Rückenschmerzen hielten in den
folgenden Tagen an, ebenso der Tinnitus, der bei ansteigendem
Schwindel lauter wurde, und natürlich kamen immer neue
Beschwerden dazu. Mal fror ich, dann schwitzte ich, dann fror
ich wieder und schwitzte, immer im Wechsel, aber ich hatte kein
Fieber. Nach dem Liegen wurden die Schmerzen besser und beim
Laufen wieder schlechter. Kurzzeitig sah ich schwarze Streifen,
die sich von rechts nach links bewegten, und weiterhin sah ich
immer mal wieder schwarze Punkte. Kurzzeitig sah ich auch
noch weiße Vierecke, und beim Liegen hatte ich Schmerzen am

linken Hinterkopf.

Am 16.03. verspürte ich pulsierende Schmerzen am linken Ohr und dahinter. Trotzdem ging ich weiterhin zur Arbeit, aber tanzen und reiten konnte ich leider nicht mehr. Ich musste eine Zwangspause einlegen, und das tat mir im Herzen weh. Aber naja, da dachte ich, wenn alles vorbei ist, dann gebe ich eben mehr Gas. Aber niemand konnte damit rechnen, was noch alles auf mich zukommen würde.

Am 17.03. hatte ich weiterhin sehr starke Kopf- und Rückenschmerzen, den bekannten Tinnitus, der bei ansteigendem Schwindel lauter wurde, Frieren und Schwitzen wechselten sich ab und ich hatte kein Fieber. Aber auch mein Schwindel wurde immer stärker. Ich hatte jetzt auch im Liegen Kopfschmerzen. Hitzeschübe mit einem einengenden Gefühl im Körper überkamen mich, und dann war mir wieder kalt, immer abwechselnd. Es fühlte sich an wie „Ameisenlaufen" am Kopf, den Beinen, dem Fuß, dem linken Arm und Hand. Der linke Arm fühlt sich schwer an, ich spürte dort ziehende Schmerzen und die Fingerkuppen pulsierten. Drei- bis viermal am Tag hatte ich Wadenkrämpfe und verstärkt Augenschmerzen. Ich verspürte Druck auf dem einen Auge und sah Schatten. Von diesen Zeitpunkt an konnte ich nicht mehr arbeiten und musste zuhause bleiben. In meinen Gedanken kreiste immer wieder der Verdacht, dass ich einen Virus haben müsste, aber ich bin ja kein Arzt. Ich erhoffte mir, dass die Ärzte bald herausfinden würden, was ich hatte. Meine Geduld war langsam zu Ende.

Am 18.03. musste ich mich in der Augenklinik vorstellen, um abzuklären, ob ich wirklich eine Stauungspapille hatte. Es stellte sich heraus, dass ich doch keine hatte. Die ganze Aufregung war umsonst gewesen, denn mit einer Stauungspapille sollte man nicht spaßen. Das kann gefährlich enden. Der Arzt riet mir, mich bei einem Neurologen vorzustellen. Ganz ehrlich, da fragte ich mich, ob er mich verarschen wollte. Ich war schon so oft von einem Neurologen untersucht worden, ohne eine neurologische

Erkrankung. Also ging es für mich nach Hause. Einerseits mit einem lachenden Auge, weil ich ja keine Stauungspapille hatte, aber anderseits genervt, weil ich schon wieder zu einem Neurologen musste. Aber woher kamen denn nun meine ganzen Sehstörungen?

Am 20.03. musste ich mich wieder in der Augenklinik vorstellen, weil es nicht besser geworden war. Der Arzt entschuldigte sich bei mir, weil er mir beim letzten Besuch etwas Falsches gesagt hatte. Es war keine Stauungspapille, aber ich hatte eine Sehnervenentzündung. Sie nahmen mir Blut ab, um festzustellen, welchen Erreger ich hatte, und ich sollte mich am 27.03. wieder vorstellen.

Am selben Tag war mein Termin beim Neurologen. Er untersuchte mich, wollte mal wieder Blut von mir und stellte keine Auffälligkeiten fest. War mir schon klar gewesen, da ich ja nichts Neurologisches hatte. Er vertrat die Meinung, dass es psychisch bedingt sei, aber das glaubte ich nicht. Der Neurologe riet mir, eine Langzeitblutdruckmessung durchführen zu lassen.

Am 21.03. hatte ich abends plötzlich weitere Sehstörungen, wie das Sehen von Regenbogen, die nach etwa fünf Minuten wieder verschwanden. Objekte sahen schief für mich aus. Zu diesem Zeitpunkt hatte ich ganz schön viel Angst und wollte, dass es so schnell wie möglich aufhört.

Später abends verspürte ich ein Kribbeln im Körper, danach auch Schmerzen, Kribbeln und ein Engegefühl im rechten Arm. Mir war sehr warm. Dinge, die etwa zwanzig Zentimeter von meinen Augen entfernt waren, schienen mir sehr nah am Gesicht zu sein. Ich fragte mich, was ich noch alles durchmachen musste, und wann dieser Wahnsinn endlich aufhören würde.

Am 22.03. fing etwas abends plötzlich an, sich im Hals wie ein Kloß anzufühlen, und meine linke Halsseite war taub. Mein linkes Bein konnte ich nicht mehr richtig aufsetzen, und es fühlte sich an wie „Pudding". Das Laufen war erschwert.

Zwischen dem 22. und 26.03. waren beide Beine betroffen und ich hatte Schmerzen in den Kniegelenken sowie in den Ellenbogengelenken. Dafür wurden die Augen besser. Alle anderen Symptome blieben jedoch. Somit ging es wieder mal zum Hausarzt und er meinte, ich sollte eine Physiotherapie machen. Vielleicht bekäme man so den Schwindel und andere Symptome weg. Also machte ich einen Termin aus.

Am 27. und 28.03. war ich in der Augenklinik zur Besprechung der Blutwerte, und die Sehnervenentzündung wurde bestätigt. Dafür bekam ich antibiotische Augentropfen. Erhöhte Rheumawerte wurden ebenfalls bei mir festgestellt. Daraufhin sollte ich mich zu einem Rheumatologen begeben. Ich war erstaunt und hatte Angst, wirklich an Rheuma zu erkranken. Aber wie bei fast allen Ärzten war ein Termin sehr schwer zu bekommen.

Seit drei Tagen fühlten sich meine Arme in der Nacht wie taub an und am Morgen waren sie wieder normal. Der linke Arm sowie die Hand fühlten sich nach zehn Wochen immer noch schwer an. Meine Schmerzempfindlichkeit war dort geringer als rechts.

Am 28.03. ging ich mit den Blutergebnissen und den neuen Symptomen zum Hausarzt. Wir besprachen alles, und ich bekam eine Überweisung für einen Rheumatologen. Mein Hausarzt versuchte, einen Termin für mich auszumachen – vielleicht hatte er ja mehr Glück als ich. Auch von der Physiotherapie berichtete ich ihm: Ich sollte wegen meines Kiefers Osteopathie versuchen, weil dieser auch Schwindel, Kopfschmerzen, Nacken- und Rückenschmerzen auslösen könnte. Also bekam ich ein Rezept für die Osteopathie und machte Termine aus.

Am 29.03. ging ich wieder zum Hausarzt. Ihm kreiste immer noch im Kopf herum, ich müsste was Neurologisches haben. Also gab er mir eine Überweisung mit. Ich ging nach Hause und machte einen Termin aus.

„Sie können gleich heute um 13.00 Uhr kommen", sagte die

Sprechstundenhilfe am Telefon.

Ich nahm den Termin an, aber glücklich war ich nicht, denn
ich wollte nicht schon wieder zu einem Neurologen gehen, und
außerdem hatte ich ein bisschen Angst, da mir ja immer gesagt
wurde, es wäre psychisch bedingt. Dieser Meinung war ich aber
nicht.

Ich packte die ganzen Unterlagen zusammen: die neurologischen
Befunde, den MRT-Befund, den Befund der Augenklinik und den
HNO-Befund.

Mein Vater fuhr mich zum Arzt. Als wir kurze Zeit später
ankamen, plagte mich die Angst. Der Neurologe untersuchte und
befragte mich. Daraufhin erkläre ich ihm meine ganzen
Beschwerden: Dauerschwindel (Dreh- und Schwankschwindel),
Kopfschmerzen links, linker Arm fühlt sich schwer an und
kribbelt, Beine wie „Pudding" seit einer Woche. Ich konnte nur
mit gebeugten Knien laufen, hatte Schmerzen im Bein, Arm und
Fuß.

Der Arzt machte verschiedene neurologische Tests, unter
anderem auch eine NLG-Untersuchung. Das ist eine Messung
der Nervenleitgeschwindigkeit und eine elektrische
Untersuchung der Nervenfunktion. Dabei wird ein Nerv an
einem Punkt durch eine Elektrode stimuliert und an einem
anderen Punkt werden die fortgeleiteten elektrischen Impulse
gemessen. Das Ganze war sehr schmerzhaft und ich merkte wie
der Strom durch die Nerven geleitet wurde. Aber da musste ich
durch, und es dauerte auch nicht so lange.

Aber es war alles umsonst, da wieder nichts gefunden wurde.
Er sagte, ich hätte ein psychisches Problem und solle mich zu
einem Therapeuten begeben. Also ging ich mal wieder nach
Hause, und auch diesmal ohne Diagnose. Langsam glaubte ich
selbst daran, dass ich etwas Psychisches hatte, da körperlich ja
nie etwas gefunden wurde. Ich war am Boden zerstört und
wusste nicht mehr, was ich machen sollte. Ich hielt mich viel in
meinem Zimmer auf und dachte nach. In meinen Gedanken

kreiste immer noch die Auffassung, ich müsste einen Virus
haben, und dass wir vielleicht nur noch nicht den richtigen Arzt
gefunden hatten. Es musste wohl mit der Suche weitergehen,
aber ich hatte keine Lust mehr. Ich wollte nur noch, dass meine
Beschwerden verschwinden.

Am 02.04. hatte ich meine erste Osteopathie-Behandlung. Ich
machte mich auf dem Weg und war aufgeregt, fragte mich, was
die Therapeutin wohl alles mit mir machen würde, und hoffte auf
eine Besserung. Ich musste nur ein paar Minuten warten, dann
wurde ich ins Behandlungszimmer gebeten und setzte mich auf
die Liege.

„Kannst du mir mal von den ganzen Symptomen erzählen?",
fragte die Therapeutin.

Ich erzählte ihr alles. Nun sollte ich mich mit dem Rücken
auf die Liege legen. Sie legte los und massierte, machte kleine
Bewegungen an den Beinen und Armen. Danach drehte ich
mich auf dem Bauch, und auch da massierte sie mich. Sie fing
an den Lendenwirbeln an und arbeitete sich hoch zum Hals. Das
war sehr schmerzhaft. Ich sollte mich wieder auf den Rücken
drehen und sie behandelte meinen Kiefer. Sie legte zwei Finger
an meinen Gaumen und massierte ihn. Dazu sagte sie, er sei
total verspannt und meinte, es sei dann kein Wunder, dass ich
Schwindel, Kopfschmerzen, Rücken- und Nackenschmerzen
hätte.

Während und nach der Behandlung besserten sich der
Schwindel und die Kopfschmerzen. Nach etwa einer Stunde
waren die Beschwerden jedoch stärker als davor und hielten an.

Am 05.04. ging ich wegen meiner Knieprobleme zum
Orthopäden. Wenigstens er konnte etwas feststellen, und zwar
hatte ich beidseitig ein Patellaspitzensyndrom. Das hatte aber
nichts damit zu tun, dass meine Beine sich anfühlten wie
„Pudding". Dazu meinte er, es müsse eine Systemerkrankung
oder ein Rheumaschub beziehungsweise eine reaktive Arthritis
nach einer Infektion sein. Ich hoffte, dass es so etwas nicht war,

und die Angst plagte mich noch mehr.

In der Zeit bis zum 08.04. hatte ich Schmerzen in den Füßen, und natürlich blieben alle anderen Symptome bestehen. Ich war beim Hausarzt und er nahm wieder Blut ab. Wir konnten noch keinen Termin beim Rheumatologen ausmachen. Meine Luftnot hatte sich verschlimmert. Ich spürte sie nun eher im Kehlkopfbereich.

Ich sollte geröntgt werden, da der Hausarzt meinte, ich müsse eine Entzündung im Hals mit krampfartigen Beschwerden haben. Gott sei Dank bekam ich zeitnah einen Termin in der Radiologie. Nach dem Röntgen bekam ich das Ergebnis sofort, und es hatten sich keine Auffälligkeiten in der Lunge ergeben. Froh war ich schon, aber woher kam dann meine Luftnot?

Der Hausarzt verschrieb mir Kortisontabletten. Es wurde dadurch zwar ein bisschen besser, aber ich hatte Nebenwirkungen, wie Übelkeit, kalten Schweiß, ziehende Schmerzen im linken Arm und Herzrasen. Ich setzte die Tabletten ab, weil es nicht auszuhalten war.

Am nächsten Tag ging ich wieder zum Hausarzt und erzählte ihm, was los war. Er gab mir ein Asthmaspray und sagte, ich müsse es ausprobieren. Am Abend nahm ich einen Hub und es brachte ebenfalls eine Besserung. Ich litt weiterhin unter schubweiser Übelkeit und kaltem Schweiß. Nach mehrmaligem Gebrauch des Asthmasprays kam es zu einer Verschlechterung der Luftnot mit Hyperventilation und ich musste in die Notaufnahme. Die Diagnose lautete, dass ich zu viel Sauerstoff im Blut hatte. Mein Wert lag bei etwa 130 % und sollte eigentlich bei 99 % liegen. Ich hatte Angst zu ersticken. Hätte ich länger gewartet, wäre es anders ausgegangen.

Mit der Rückatmung verschwand die verstärke Luftnot mit Hyperventilation. Das Spray durfte ich nicht mehr nehmen, da meine Lunge ja in Ordnung war und das Problem im Hals läge. Endlich bekam ich ein Termin in der Rheumaklinik und hoffte, dass ich kein Rheuma hatte.

Am 08.04. war es endlich soweit und ich musste mich in der Klinik vorstellen. Die Voruntersuchung ergab keine Hinweise auf eine System- beziehungsweise rheumatische Erkrankung. Mir wurden zehn Röhrchen Blut abgenommen und die Ärzte verlangten eine Urinprobe. Sie sagten, dass ich sechs bis acht Wochen auf meine Befunde warten müsse. Nun hieß es zittern, und ich war sehr aufgeregt. Ich hoffte, dass nichts Schlimmeres herauskam, aber andererseits wünschte ich mir, dass überhaupt etwas herauskam, weil ich endlich diese Symptome loswerden wollte.

Am nächsten Tag musste ich wieder zum HNO-Arzt, um abzuklären, was mit meinem Hals los war. Er stellte fest, dass ich keine Entzündung oder Verengung im Kehlkopf hatte. Also ging ich wieder ohne Diagnose nach Hause. Es war sehr frustrierend, von einem Arzt zum anderen geschickt zu werden, und keiner fand heraus, was ich hatte.

Am 10.04. ging es mal wieder zum Hausarzt und ich berichtete ihm, was beim HNO-Arzt herausgekommen war. Er gab mir eine Vitamin-B12-Spritze, da er an einen Mangel dachte, und außerdem hätte ich keine Nebenwirkungen zu befürchten.

Ich ging nach Hause und ein paar Stunden später wurde ich von einem pathologischen Lachen und Weinen durchgeschüttelt. Ich durchlebte eine Persönlichkeitsveränderung und verhielt mich wie ein Kleinkind.

Ich möchte euch erklären, was mir passiert ist: Alles fing beim Abendessen an. Plötzlich malte ich das Muster der Tischdecke mit dem Finger nach. Ich wollte in der Küche sitzen bleiben, und irgendwann ging ich doch mit einem Oreo ins Wohnzimmer. Ich antwortete wie ein Kleinkind, wusste nur noch, dass ich einen Keks hatte und aß ihn wie ein kleines Kind. Daraufhin gab ich mit dem Keks an, als ob er etwas ganz Tolles wäre. Meine Eltern und ich sahen fern.

Plötzlich fing ich an zu lachen, aber es war kein normales,

sondern ein künstliches Lachen. Kurz darauf schlief ich für zwei Sekunden ein und wachte lachend wieder auf. Das ging eine ganze Weile so. Danach fing ich an zu weinen, und ich weiß nicht mal, warum. Nun durchlebte ich eine Kombination aus Lachen, Weinen und Schlafen.

Meinen Eltern wurde es Himmelsangst und sie fingen auch an zu weinen. Aber ich fühlte mich zu diesem Zeitpunkt normal. Ich konnte keine ganzen Sätze formulieren und Fragen von anderen nicht richtig als Erwachsener verstehen. Mein Vater meinte zu mir, dass wir in die Notaufnahme fahren müssten.

In der Notaufnahme angekommen, wollte ich mich gar nicht vorstellen, weil ich mich wegen meines Verhaltens schämte. Mein Vater meldete mich an und wir setzten uns ins Wartezimmer. Plötzlich fing ich wieder an zu lachen und alle anderen Leute starrten mich an.

Endlich wurde ich aufgerufen und vom Arzt befragt. Ich konnte nur antworten wie ein Kleinkind. Sie nahmen mir Blut und Urin ab, um herauszufinden, ob ich eventuell Drogen genommen hätte oder schwanger wäre. Als die Ergebnisse da waren, stellte sich heraus, dass keines von beiden zutraf.

Als der Arzt vom Untersuchungszimmer in den Gang herausging, hörte ich alles, was er mit seinen Kollegen besprach, obwohl das sehr weit entfernt war. Ich hatte ein Gehör wie eine Fledermaus. Das war gruselig. Dann kam eine Schwester zu mir und gab mir eine Beruhigungstablette, aber sie half nicht. Der Arzt meinte, das sei psychisch bedingt und ich sollte mich in eine psychiatrische Therapie begeben.

Wir gingen nach Hause. Als ich ins Bett gehen wollte, hatte ich plötzlich Angst vor meinem eigenen Lachen. Ich dachte, jemand stehe hinter mir und lache. Ich hatte genau so ein Lachen beziehungsweise Grinsen im Gesicht wie in einem Horrorfilm. Meine Mundwinkel waren fast bei meinen Augen.

Am Morgen des 11.04. gingen wir zum Hausarzt. Die Anfälle

waren immer noch da. Er meinte auch, dass ich mich in einer psychiatrischen Klinik vorstellen müsste. Daraufhin überfielen mich wieder pathologisches Lachen und Weinen im Wechsel. Meine Eltern machten sich immer mehr Sorgen um mich.

Auf dem Weg in die Klinik wurde ich langsam wieder normaler und ich fragte meinen Dad: „Wo fahren wir hin?" , Er anwortete: „In die Klink wie der Arzt gesagt hätte". Aber daran konnte ich mich nicht erinnern.

Plötzlich bekam ich wieder diese Anfälle. In der Klinik angekommen, brach ich in Tränen aus. Wir gingen zur Anmeldung, aber ich konnte mich nicht vorstellen, da ich wieder alles wie ein Kleinkind verstand. Als wir zur Ärztin kamen, war ich relativ normal. Sie schlug mir vor, stationär zu bleiben, und wollte verschiedene Medikamente ausprobieren. Das wollte ich aber nicht. Ich war doch kein Versuchskaninchen!

Ich hatte Glück, dass es gerade Ostern war und ich wenigstens noch über die Feiertage zuhause bleiben konnte. Wir beschlossen, dass ich mich nach Ostern wieder melden würde.

Als wir zuhause ankamen, war ich wieder ganz normal und hatte keine Anfälle mehr. Also sagten wir den stationären Aufenthalt in der Klinik komplett ab. Ich merkte, dass meine Wangen weh taten, und fragte meinen Vater was los war. Er erzählte mir alles und ich war geschockt. Es war echt gruselig, das zu hören. So etwas möchte ich nie wieder mitmachen, und ich wünschte, niemand müsste so etwas erleben. Aber meine anderen Beschwerden, wie Schwindel, Kopfschmerzen und Tinnitus, der bei ansteigendem Schwindel mehr wurde, Atemnot, Halsbeschwerden, Kurzatmigkeit (nach zwei bis drei Schritten war ich stehend kaputt) blieben bestehen. Ich hatte weiterhin Knieprobleme und das Laufen war erschwert. Meine Armgelenke schmerzten.

Am 26.04. war ich wieder beim Orthopäden und er gab mir eine Überweisung fürs MRT wegen der Knie. Mein Termin war am 10.05.

02.05. war ich mal wieder beim Hausarzt und er nahm wieder mal Blut ab. Ich frage mich, wie viel Blut die denn noch haben wollten.

Am nächsten Tag musste ich wegen der Blutergebnisse zum Hausarzt. Die Diagnose war ein sehr starker Vitamin D- und Folsäuremangel. Mir wurden die Vitamine und die Folsäure verschrieben und ich musste acht Wochen lang jeden Tag eine Tablette nehmen. Nach zwei Tagen wurden die Kniebeschwerden besser. Ich konnte wieder besser gehen, sogar kurze Tanzschritte tanzen und das Radschlagen funktionierte wieder. Kurze Strecken zu rennen klappte auch, allerdings hatte ich eine schlechte Kondition und musste bereits nach einer kurzen Strecke sehr stark Luft holen. Spaziergänge waren auch für längere Zeit ohne Konditionsprobleme möglich. Ich dachte, jetzt könne es nur noch besser werden, und hatte ja nun endlich eine Diagnose. Dass es nicht die richtige war, wusste ich zu diesem Zeitpunkt noch nicht.

Am 09.05. bekam wieder neue Symptome. Ich hatte plötzlich sehr starke Schmerzen in beiden Armen. Es konnten Verdickungen im Bereich der Muskeln diagnostiziert werden. Die Kraft in beiden Händen ließ stark nach. Ich konnte nicht mal meine Trinkflasche allein aufmachen, und ein Brötchen aufschneiden ging auch nicht.

Im Laufe des Abends traten weitere Verdickungen im Bereich des Unterarmes auf. Starke Schmerzen im Bereich der Arme, Ellenbogen und der Schulter bis in die linke Flanke folgten, des weiteren Spannungsschmerzen im Kiefer. Meine Hände fühlten sich kalt an, vor allem links. Ansonsten schwitzte ich in der Nacht vermehrt und fror unter Tags. Ich hatte kein Hungergefühl. Schmerzmittel schlugen nicht an. Ich fragte mich, ob es vielleicht doch nicht die richtige Diagnose war. Ich wollte echt nicht mehr und hoffte nur noch auf ein baldiges Ende der Symptome. Alle sagten, dass es psychisch bedingt wäre oder dass ich mich mehr an der frischen Luft bewegen müsse. Die sind lustig, dachte ich mir. Ich wünschte mir ja, ich könnte wieder tanzen und reiten. Jedem sagte ich, dass ich nicht psychisch krank sei, denn ich war immer noch der Meinung, dass ich einen Virus haben müsse.

Ratet mal, wo ich am 10.05. wieder war. Richtig, beim Hausarzt! Er riet mir, ein anderes Schmerzmittel auszuprobieren. Ansonsten, wenn es schlimmer würde, solle ich mich in der Rheumatologie melden. Er gab mir eine Überweisung mit. Aber wir warten erstmal das MRT und das Diagnosegespräch beim Orthopäden ab.

Dieses Gespräch war am 13.05., und es kam heraus, dass ich keine Gelenkschäden oder Knochenschäden hatte.

Am 16.05. stellte ich mich nochmals in der Rheumatologie vor, weil es einfach nicht besser wurde, und wir warteten immer noch auf die Ergebnisse. Sie meinten dort, dass sie sich melden würden. Der Professor müsse sich das ansehen, und er käme erst vom Urlaub zurück. Also fuhren wir nach Hause. Doch unterwegs rief plötzlich die Klinik bei mir an und sie fragten mich, ob ich sofort wieder zurückkommen könnte. Der Professor wolle mich heute noch sehen.

Wir fuhren zurück in die Klinik. Dort angekommen, nahm mich eine Ärztin in Empfang und bat mich ins Untersuchungszimmer. Dort wurde ich von der behandelten Ärztin und dem Professor befragt und untersucht. Er vermutete, dass ich einen Virus hätte, und zwar den Coxsackie-Virus (Enterovirus). Sie nahmen mir fünfzehn Röhrchen Blut ab und es wurde auch eine Speichelprobe entnommen, um ihn nachzuweisen. So warteten wir auf das Ergebnis.

Ich musste noch am selben Tag zum Herzultraschall gehen, da der Virus gerne auf das Herz angreift. Mein Herz war zum

Glück gesund.

Ich sagte dem Professor: „ Ich musste eine Kortisontablette einnehmen und bekam eine Vitamin-B12-Spritze. Ich bekam dann ganz komische Anfälle und Nebenwirkungen. War das Normal? „

Er antwortete: „Kortison wäre sozusagen „Futter" für diesen Virus und hätte ich mehr genommen, deshalb wären mehr Probleme auf mich zugekommen."

Bezüglich der Spritze meinte er: „ Es wären typische Nebenwirkungen und das normal sei, wenn man so einen Virus hätte."

Er verordnete mir Ruhe und das Wichtigste: Ich sollte Stress vermeiden.

Als Versuch bekam ich noch ein Medikament verschrieben, welches vielleicht meine Schmerzen lindern könne. Aber ich musste es nach einer Tablette schon wieder absetzen, da ich erneut komische Anfälle bekam. Ich war mit meinem Vater in der Stadt, und da war noch alles okay. Plötzlich war ich ganz traurig und wollte nicht einmal mehr ein Eis, das ich sonst so gerne esse. Ich konnte nicht mehr lachen, und wer mich kennt weiß, dass ich immer lache, egal, was ich habe. Außerdem war ich orientierungslos und wusste nicht mehr, wo das Auto stand. Zu diesem Zeitpunkt wusste ich auch nicht mehr, wie ich den Gurt im Auto aufbekam und verfiel in Panik. Mein Vater half mir.

In der Wohnung angekommen, bekam ich dann emotionale Schübe. Einmal war ich glücklich, dann depressiv und dann wieder ganz normal. Aber bevor die Schübe auftraten, bemerkte ich, welchen Schub ich bekommen würde. Als ich vorübergehend wieder normal war, sagte ich nur noch: „Ich will nicht mehr." Das hielt einen Tag an und ging wieder vorbei.

Irgendwann rief meine behandelnde Ärztin aus der Klinik an und bestätigte die Aussage des Professors: Ich hatte den Coxsackie-Virus, und zwar den B3 und den B5. Gemäß der Blutwerte arbeitete der Körper noch gegen diesen Virus, war aber auf dem Weg der Besserung. Mein IgE-Wert war am Ende bei 1027 U/ml, obwohl er eigentlich bei 100 U/ml liegen sollte. Ich war auch nicht mehr ansteckend. Ich hatte nicht gewusst, dass ich alle anderen auch hätte anstecken können.

Ihr fragt euch bestimmt, was ein Coxsackie-Virus ist. Der Coxsackie-Virus gehört zur Gruppe der Enteroviren. Sie werden in unterschiedliche Gruppen aufgeteilt und verursachen unter anderem die Hand-Mund-Fuß-Krankheit. Es wird auch vermutet, dass es mit diesem Virus zu tun hat, dass Sportler plötzlich beim Sport umfallen und versterben, weil der Virus gerne auf das Herz geht. Darum, meine Lieben, wenn man krank ist, sollte man die Finger vom Sport lassen.

Der Virus ist noch nicht so gut erforscht, und viele Ärzte wissen auch nicht gut Bescheid darüber. Man kann den Virus auch sehr schwer feststellen, da man unspezifische Symptome bekommt, wie man es an meinem Fall sieht.

Wie kann man sich damit anstecken? Coxsackie-Viren sind RNA-Viren, die zumeist über Tröpfchen- oder Schmierinfektion übertragen werden. Ich weiß leider nicht, wo ich mich angesteckt haben könnte, aber der Professor meinte, ich hätte mich wohl in meinen Beruf damit infiziert. In meinen Fall gab es leider keine Medikamente und mein Körper musste es allein schaffen.

Ich war einfach froh, endlich zu wissen, was ich habe, und konnte mich jetzt ganz auf die Genesung konzentrieren. Es war ein großes Glück, diesen Professor kennengelernt zu haben, da ich sonst wahrscheinlich immer noch keine Diagnose hätte.

Ein paar Wochen später hatte ich wieder Kondition und die Schmerzen besserten sich. Auch das Kalt-Warm-Gefühl war weg.

Mein Hunger kam wieder zurück und der Schwindel wurde ebenfalls besser. Geblieben waren Muskelschmerzen, schmerzhafte Schwellungen an den Armen, kraftlose Hände, und wenn die Beine länger angewinkelt waren, hatte ich vermehrt Schmerzen. Zudem hatte ich weiche Knie und dadurch Probleme beim Gehen.

Einen Monat später war alles weg, außer den schmerzhaften Schwellungen, die ich bis heute habe.

Nach langen vier Monaten ohne Diagnose und einem Monat mit Diagnose hatte ich es überstanden. Insgesamt war ich fünf Monate lang mit diesem Virus infiziert. Ich hatte unzählige Untersuchungen, musste von einem Arzt zum anderen rennen und vor allem hatte ich höllische Schmerzen, sodass ich meinen Lieblingsbeschäftigungen nicht mehr nachgehen konnte.

Ich war durch Höhen und Tiefen gegangen und wollte ab und zu schon aufgeben. Aber das hatte ich nicht.

Ich konnte endlich wieder arbeiten gehen, aber da hatte sich etwas verändert. Ich arbeitete nun im Kindergarten und nicht mehr in der Krippe. Es machte mir trotzdem Spaß. Ich konnte auch wieder tanzen und reiten. Es war so schön und ich war so glücklich, endlich wieder alles tun zu können, was mir Spaß machte.

Mein Fazit: Wer nicht kämpft, kann auch nicht siegen!

Und ich habe gekämpft bis zum Schluss und diese Krankheit überstanden. Also denkt daran, wenn ihr auch mal so schlimm erkrankt seit oder sogar noch schlimmer: Haltet die Ohren steif und kämpft. Habt Vertrauen in deinen Körper und hört auf ihn, denn ihr wisst am besten was euer Körper zu euch sagt. Er wird es schon meistern. Ich hatte immer diesen Gedanken, vielleicht hätte ich einen Virus und hatte Recht, weil ich auf mein Gefühl gehört und mich nicht aufgegeben habe. Manchmal hat es sich so angefühlt als ob der Virus über meinen Körper herrscht und ich keinen Einfluss darauf habe. Der Virus wütete sozusagen in meinen Körper und er hat mich gesteuert. Naja es ist halt ein unberechenbarer Virus.

Dieses Buch dient nicht zur Selbstdiagnose. Geht trotzdem zum Arzt. Ich möchte euch nur zeigen dass man alles schaffen kann.

Ich wünsche euch, dass ihr niemals krank werdet und immer gesund bleibt.

Ist nach einer wahren Geschichte passiert.

PS: Wenn Ihr ein paar Wörter nicht verstanden habt, dann schaut auf die nächste Seite dort habe ich für euch ein kleines Lexikon erstellt.

Lexikon:

A
- Arteriosklerose = Arterienverkalkung

D
- Dissektion = wenn die Schicht der innersten Gefäßwand
  einreißt und dadurch Blut in die Gefäßwand eindringen kann
- druckdolent = einer Körperstruktur beziehungsweise
  eines Gewebes bezeichnet, beim Ausüben von
  mechanischem Druckbeispielsweise bei der Palpation-
  Schmerz auszusenden.
- Duplexsonografie = spezialisierte Methode einer
  Ultraschalluntersuchung und ermöglicht die
  Diagnostik von Verengungen in Blutgefäßen

E
- extrakranielle Gefäße = Gefäße für die Hirnversorgung

F
- Fenzelbrille = Untersuchungsinstrument, womit man
  Gleichgewichtsstörungen feststellen kann

G

- Gardetanzen = wird auch als Marschtanz bezeichnet. Es ist ein deutscher Tanzstil und Leistungssport, der häufig auf Faschingsfesten getanzt wird.

H

- Haltetremor = unwillkürliches Zittern
- HNO-Arzt = Hals-Nasen-Ohren Arzt

I

- IMT = Es handelt sich dabei um eine Messung der sogenannten Intima-Media-Dicke. Es werden computergestützt spezielle Wandabschnitte der Gefäße analysiert.

K

- Kalorischer Nystagmus = unwillkürliche Augenbewegung
- kHz = Kilohertz

L

- Liquorpunktion = Punktion der Liquorräume im Rückenmark und Entnahme von Nervenflüssigkeit für Untersuchungszwecke

N

- Neurologe = Arzt für das Gehirn, Rückenmark, Nerven und Muskeln
- Nystagmus = Augenbewegung
- NLG = Nervenleitgeschwindigkeit
- Nodi = Lymphknoten hinter der Ohrmuschel
- Normkusis = normales Hörvermögen

M

- Majorette = Marschtanz mit Stäben in der Hand
- MRT = Magnetresonanztomografie

P

- Palpation = Untersuchung durch Abtasten und Befühlen von dicht unter der Körperfläche liegenden inneren Organgen
- Patellaspitzensyndrom = chronische, schmerzhafte, degenerative Überlastung am Knochen-Sehnen-Übergang im Bereich der Kniescheibe

S

- Stauungspapille = Schwellung der Papille durch erhöhten Hirndruck
- Sehnervenentzündung = Entzündung des Sehnervs
- Stenosierung = Vorgang der Verengung
- Spontannysatgmus = unkontrollierte, rhythmisch verlaufende Bewegungen eines Organs, häufig der Augen
- Showtanz = Dazu zählt die Verbindung zwischen

Choreographie, Musik und Kostüm. Diese müssen eine Harmonie bilden, die den Zuschauer in seinen Bann zieht. Es dürfen Elemente aus allen Bereichen des Tanzens verwendet werden, sofern sie charakteristisch für den gewählten Tanz sind. Es ist ein Leistungssport.

U

– Unterberger-Versuch = Hierbei muss der Patient mit geschlossenen Augen eine bis drei Minuten auf einer Stelle marschieren. Weicht der Patient bei 50 Schritten um mehr als 45 Grad ab, gilt das Ergebnis als auffällig.

Danksagung von Selina Czech

35

Ich sage DANKE an dem Professor, der mich behandelt hat.
Ohne ihn hätte ich wahrscheinlich bis heute keine Diagnose
erhalten.

Mein Dank geht auch an meine Eltern, weil sie mich in guten
und schlechten Zeiten unterstützt haben und immer daran
glaubten, dass ich wieder ganz gesund werde.

Ein ganz besonderer Dank geht an meinen Vater, der mich zu
jedem Arzt gefahren und begleitet hat und seinen Urlaub für die
Fahrten geopfert hat. Ohne ihn wüsste ich nicht, wie ich zu den
einzelnen Ärzten und Kliniken gekommen wäre.

Platz für eigene Kommentare:

Zum Schluss noch ein Gedicht:

Viel Gesundheit
Manche Menschen haben es nicht leicht, wenn Krankheit
ihren Körper streift. Die Seele leidet mit, Hoffnung
schwindet Schritt für Schritt. Trotzdem sind sie voller
Mut, tun anderen Menschen mit positiven Worten gut.

So gutmütig und liebevoll ist ihr Herz, sie vergessen
dabei ihren eigenen Schmerz. Genau diese Menschen
verdienen vielleicht mehr, haben viel Besseres

verdient und es trotzdem so schwer.

All den kranken Menschen wünsche ich in nächster Zeit
ganz, ganz viel Gesundheit.

Das war meine Geschichte im Jahr 2019

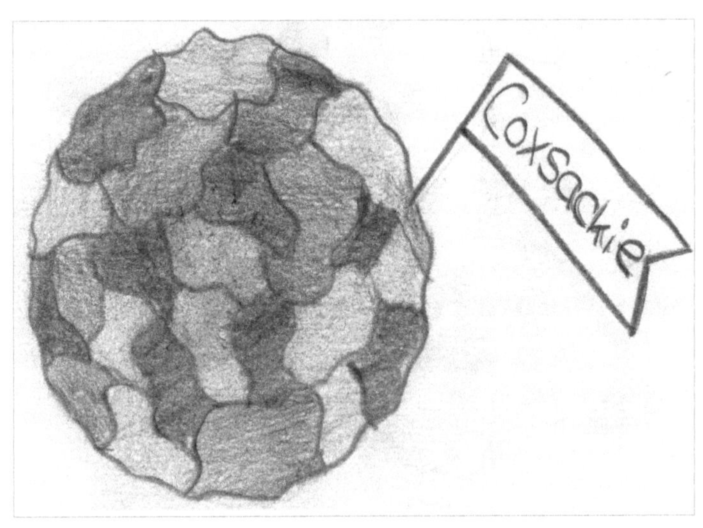
Coxsackie